ຫົວໃຈ ກ້າມຊີ້ນທີ່ເກັ່ງທີ່ສຸດ

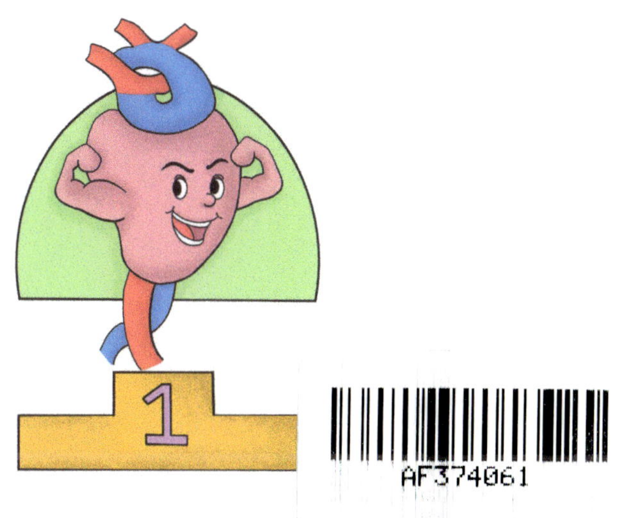

ໂດຍ ເບົບົ ບົເຮັດ

ຮູບໂດຍ ກາ ມັງ ລິ

Library For All Ltd.

Save the Children

ທົ່ວໃຈ
ກ້າມຊຶ້ນທີ່ເກັ່ງທີ່ສຸດ

ພວກເຮົາຮູ້ຫຼືບໍ່ວ່າ
ພວກເຮົາມີກ້າມຊີ້ນ
ທີ່ເກັ່ງຫຼາຍ ຢູ່ໃນຜີ້ງເອິກ
ຂອງພວກເຮົາ.

ເຖິງພວກເຮົາບອບລັບ ກ້າມຊື້ນຄັ່ງກ່າວ
ບໍ່ເຄີຍຢຸດ
ເຮັດວຽກ!

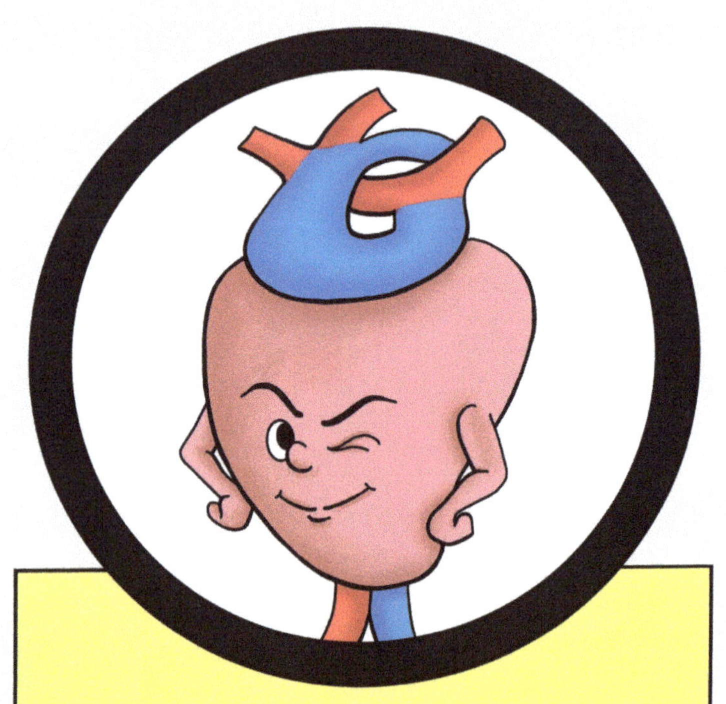

ກ້າມຊີ້ນທີ່ເຮັ່ງຫຼາຍບໍ່
ແມ່ນ ກ້າມຊີ້ນຫົວໃຈ
ຫຼືເອີ້ນງ່າຍໆວ່າ ຫົວໃຈ.

ລອງກຳກຳປັ້ນ
ແລ້ວເບິ່ງມົຕິບເອງ.
ກຳປັ້ນນີ້ມີຂະໜາດໃຫຍ່
ເທົ່າກັບ ຫົວໃຈຂອງ
ເຈົ້າເອງ.

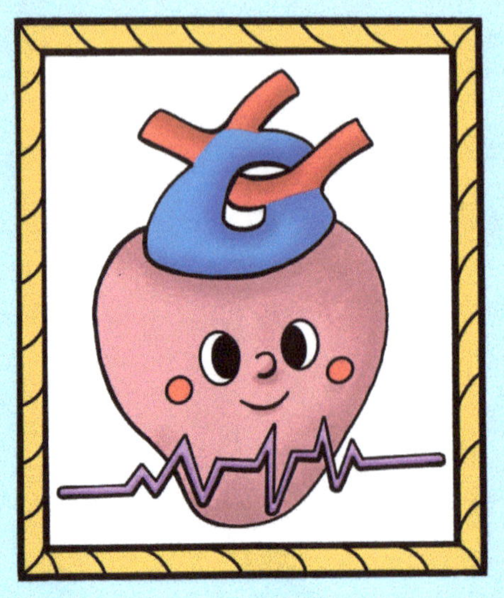 

ຫົວໃຈຂອງພວກເຮົາເຕັ້ນ
ເປັນຈັງຫວະປະມານ 5000
ຄັ້ງຕໍ່ຊົ່ວໂມງ. ຄັ້ງນັບໃນ 1 ປີ
ຫົວໃຈພວກເຮົາຈະເຕັ້ນ
ຫຼາຍກວ່າ 42 ລ້ານຄັ້ງ.

 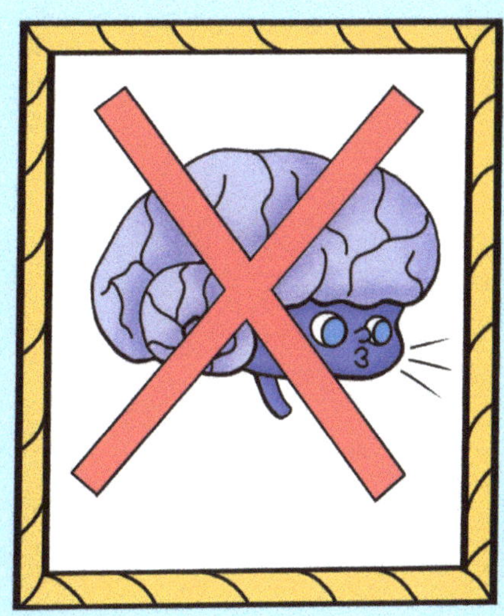

ສິ່ງເຫຼົ່ານັ້ນເກີດໂດຍທີ່ພວກເຮົາ
ບໍ່ຮູ້ຕົວ. ຫົວໃຈຂອງພວກເຮົາ
ເປັນອະໄວຍະວະທີ່ພິເສດທີ່ສາມາດ
ເຮັດວຽກໄດ້ດ້ວຍຕົນເອງ ໂດຍ
ປາສະຈາກຄຳສັ່ງຂອງສະໝອງ.

ຫົວໃຈຂອງພວກເຮົາກໍ
ກ້າມຂຶ້ນທີ່ໄວ້ງທີ່ສຸດ.

ຫົວໃຈຂອງພວກເຮົາ ສັ່ງເລືອດໄປ
ທາທຸກໆພາກສ່ວນຂອງຮ່າງກາຍ
ເພື່ອເຮັດໃຫ້ຮ່າງກາຍເຮັດວຽກໄດ້
ຢ່າງເໝາະສົມ ແລະ ເປັນປົກກະຕິ.

ເມື່ອພວກເຮົາເຮັດກົດຈະກຳໃດໜຶ່ງ ເຊັ່ນ: ກ່າວ ແລ່ນ. ກ້າມຊີ້ນຂາຂອງພວກເຮົາຈະ ຕ້ອງການເລືອດມາຫຼໍ່ລ້ຽງເພີ່ມຂຶ້ນ ເພື່ອທີ່ ຈະສາມາດເຮັດວຽກໄດ້ຫຼາຍຂຶ້ນ. ດັ່ງນັ້ນ ທົ່ວໃຈຈຶ່ງເຕັ້ນໄວກວ່າເກົ່າ ເພື່ອໝູນວຽນ ສິ່ງເລືອດໄປທາງກ້າມຊີ້ນຂາ. ທົ່ວໃຈຂອງ ພວກເຮົາສາມາດເຕັ້ນໄວເຖິງ 200 ຄັ້ງ ຕໍ່ນາທີ ໃນເວລາທີ່ພວກເຮົາກຳລັງແລ່ນ ດ້ວຍຄວາມໄວທີ່ໄວທີ່ສຸດຂອງພວກເຮົາ.

3

ເມື່ອພວກເຮົານອນ,ກ້າມຊີ້ນ
ພາກສ່ວນຕ່າງໆຈະຄາຍຕົວ ແລະ
ຫົວໃຈຂອງພວກເຮົາຈະເຕັ້ນຊ້າລົງ.
ໃນເວລາທີ່ພວກເຮົານອນລັບລຶກ
ຫົວໃຈຈະເຕັ້ນຊ້າ ປະມານ 40 ຄັ້ງ
ຕໍ່ນາທີ. ຍາມນອນ, ຫົວໃຈຂອງ
ພວກເຮົາສາມາດພັກຜ່ອນໄດ້
ໜ້ອຍໜຶ່ງ ແຕ່ ກ້າມຊີ້ນສ່ວນນີ້
ຈະສືບຕໍ່ເຮັດວຽກຕະຫຼອດເວລາ.

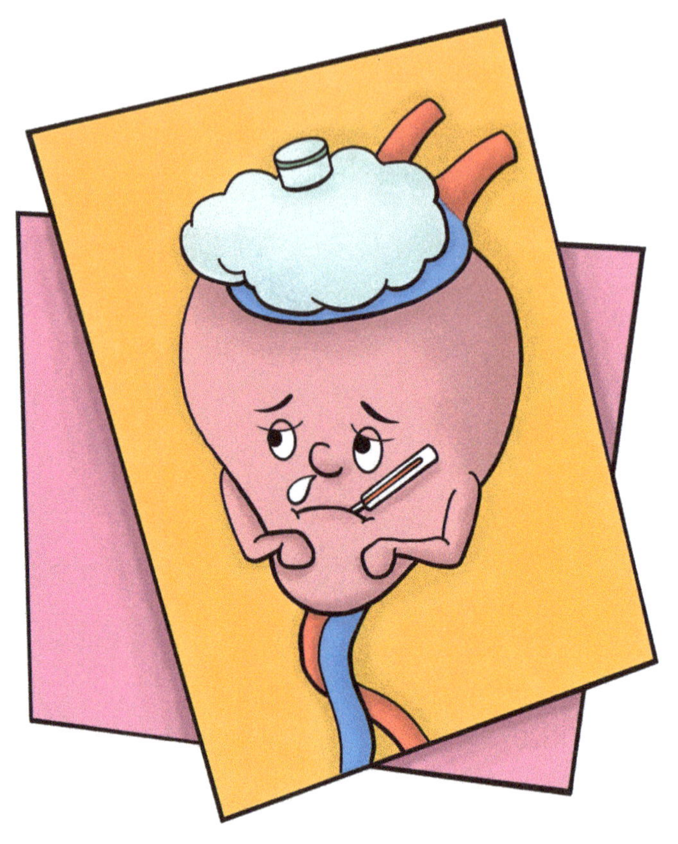

ຂາງຄ້າງ ກ້າມຊື້ນທີ່ເກັ່ງທີ່ສຸດສອບນີ້ກໍ່ເຈັບປ່ອຍເຊັ່ນກັນ. ຖ້າຫົວໃຈບໍ່ໄດ້ຮັບເລືອດໄປຫຼູບອ່ຽບຢ່າງພຽງພໍ ຈະເຮັດໃຫ້ຫົວໃຈເຕັ້ນ ຜິດປົກກະຕິ, ບໍ່ສະໝ່ຳສະເໝີ, ບໍ່ສາມາດຫຼູບອ່ຽບເລືອດໄປທາພາກສ່ວນຕ່າງໆຂອງຮ່າງກາຍ.

ສິ່ງດັ່ງກ່າວຈະພາ
ໃຫ້ມີອາການທາງ
ໃຈຝືດ,

ເຈັບບໍລິເວນໜ້າເອິກ
ເຊິ່ງເອີ້ນວ່າ:
ພະຍາດຫົວໃຈວາຍ.

ເພື່ອຮັກສາ ກ້າມຊີ້ນທົ່ວໃຈຂອງ
ພວກເຮົາໃຫ້ມີສຸຂະພາບແຂງແຮງ.
ພວກເຮົາຕ້ອງປະຕິບັດໃຫ້ໄດ້
2 ຊົ້.

ໜຶ່ງ, ອອກກໍາລັງກາຍຢ່າງສະໝ່ຳສະເໝີ
ເປັນປະຈຳທຸກໆມື້. ສອງ, ກິນອາຫານ
ທີ່ດີມີຄຸນປະໂຫຍດທຸກໆຄາບອາຫານ.
ຖ້າຫາກປະຕິບັດຕາມທີ່ກ່າວມານີ້ ເລືອດ
ຂອງພວກເຮົາຈະສາມາດໝຸນວຽນໄປຫາ
ທຸກໆພາກສ່ວນຂອງຮ່າງກາຍໄດ້ຢ່າງ
ເໝາະສົມເປັນປົກກະຕິ.

ຕອນນີ້,ພວກເຮົາກໍ່ຮຽບຮູ້ກ່ຽວກັບ
ກ້າມຊີ້ນທີ່ເກັ່ງທີ່ສຸດທີ່ຢູ່ໃນຜົ້ງເອິກ
ຂອງພວກເຮົາແລ້ວ. ພວກເຮົາຕ້ອງ
ດູແລຮັກສາ ຫົວໃຈ ເພື່ອໃຫ້ຫົວໃຈ
ເຮັດວຽກໄດ້ຍ່າງຄ່ອງແຄ່ວ ຫັງຕອນ
ພວກເຮົາຕື່ນ ແລະ ນອນລັບ.

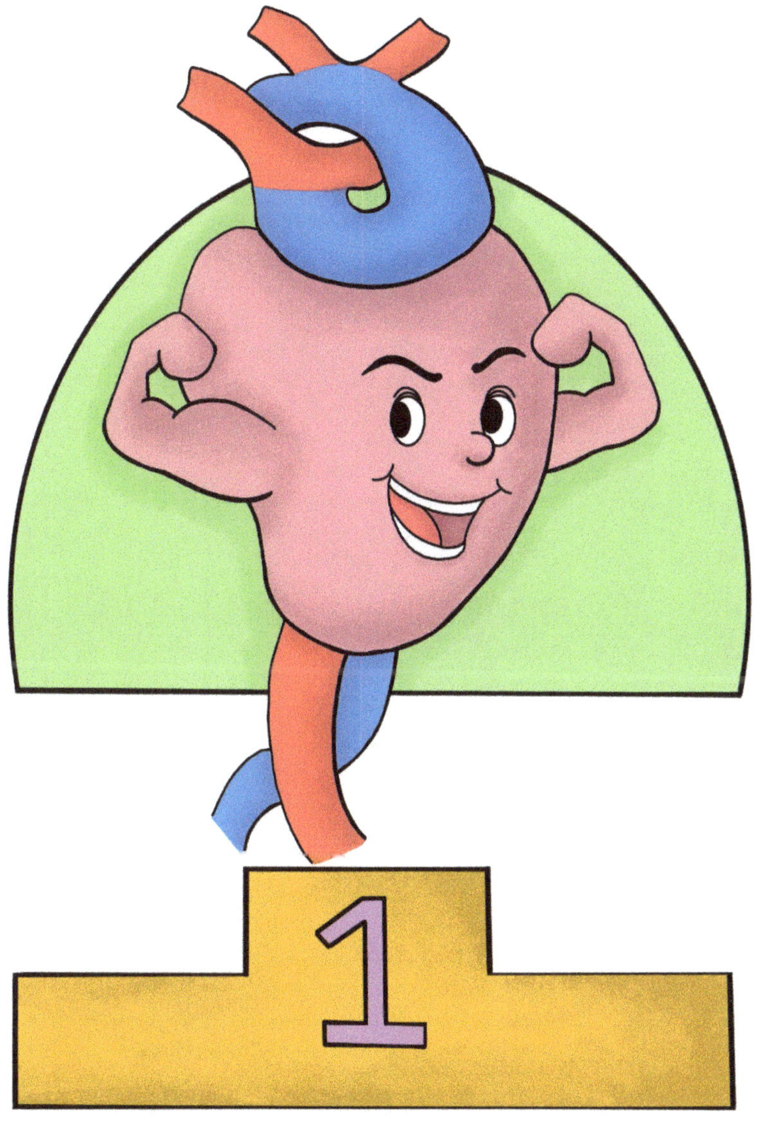

ຂໍ້ມູນທາງບັນນາບຸກົມຂອງຫໍສະໝຸດແຫ່ງຊາດ

ເບິບີ ບິເຊັດ
    ຫົວໃຈ – ກ້າມຂົ້ນທີ່ເກັ່ງທີ່ສຸດ 4 / ໂດຍ ເບິບີ ບິເຊັດ. -- ວຽງຈັນ, 2021
    21 ໜ້າ : ພາບປະກອບສີ ; 21 ຊມ
    1. ວັນນະກຳສຳລັບເດັກ
    I. ຊື່ເລື່ອງ
808.068 -- dc21
    ເລກທະບຽນພິມຈຳໜ່າຍ: ຕາມທບ140ອພຈ 23082021
    ISBN 978-9932-00-383-9

ເຈົ້າສາມາດໃຊ້ຄຳຖາມດັ່ງລຸ່ມນີ້ເພື່ອ
ໃນທະນາກຽວກັບເລື່ອງທີ່ອ່ານກັບ ຄອບຄົວ,
ໝູ່ ແລະ ຄູອາຈານ.

ເຈົ້າໄດ້ຮຽນຮູ້ຫຍັງຈາກເລື່ອງນີ້?

ຈົ່ງອະທິບາຍເລື່ອງນີ້ ໂດຍໃຊ້ຄຳບັນຍາຍ
1ຄຳ. ຕະຫຼົກ? ຍ້ານ? ມິສິສັນ? ໜ້າສົນໃຈ?

ເມື່ອອ່ານຈົບແລ້ວ,
ເລື່ອງນີ້ໃຫ້ຄວາມຮູ້ສຶກຫຍັງແດ່?

ໃນເລື່ອງນີ້, ເຈົ້າມັກສິ່ງໃດຫຼາຍທີ່ສຸດ?

ດາວໂລກແອ໋ນ
getlibraryforall.org

ກ່ຽວກັບຜູ້ປະກອບສ່ວນ

Library For All ເຮັດອງກຣ່ອມມີກັບບັກຊຽນ ແລະ ນັກແຕ້ມ
ທົ່ວ ໂລກເພື່ອສ້າງເລື່ອງທີ່ທ່ງາກທ່ງາຍ, ມີຄຸນນະພາບສູງໃຫ້ກັບຜູ້
ອ່ານໂຕນ້ອຍ. ທຸກຄົນສາມາດເຂົ້າໄປ ເວັບໄຊ libraryforall.org
ເພື່ອຮູ້ຂ່າວທ່າສຸດ ກ່ຽວກັບກິດຈະກຳຝຶກອົບຮົມນັກຊຽນ, ຄູ່ມືຕ່າງໆ ແລ
ໂອກາດສ້າງສັນອື່ນໆ.

ປຶ້ມທໍ່ບໍ່ມອບບໍ?

ພວກເຮົາມີປຶ້ມຫຼາຍຮ້ອຍທໍ່ໃຫ້ເລືອກອ່ານ.

ພວກເຮົາຮ່ວມມືກັບນັກຂຽນ, ຊ່ຽງຊານດ້ານການສຶກສາ,
ທີ່ປຶກສາທາງດ້ານວັດທະນະທໍາ, ລັດຖະບານ ແລະ
ອົງກອນທີ່ບໍ່ຂຶ້ນກັບລັດຖະບານ ເພື່ອນໍາຄວາມເພີດເພີນ ໃນການ
ອ່ານໃຫ້ກັບເດັກນ້ອຍທໍ່ວທຸກແຫ່ງ.

ຮູ້ບໍ?

ພວກເຮົາສ້າງການປ່ຽນແປງທີ່ດີໃນຂົງເຂດນີ້ ໂດຍປະຕິບັດ ເປົ້າໝາຍ
ການພັດທະນາແບບຍືນຍົງຂອງສະຫະປະຊາຊາດ.

libraryforall.org